創批詩選 49

金奎東先生 還曆紀念詩選集

깨끗한 희망

創作과批評社

1985

自　序

　8·15해방 이후 50년대의 10여 년에 걸쳐 나는 모더니즘이
이 땅의 시를 위해 낡은 전통주의를 극복하고 인류의 새
세계와 만나는 길이라는 신념 밑에 쉬르를 중심한 문학운
동에 경도된 바 있었다.

　그러나 이것은 세계사와의 막연한 접촉과 교류라는 흐름
에 있어선 어떤 의의를 지녔을지 몰라도 내가 사는 당면한
민족현실과 거리가 멀다는 것을 깨달음과 동시에 우리의 모
더니즘이 절름발이 구실밖에 못했다는 사실을 아울러 느끼
게 되었다. 이 땅의 시인인 이상 분단이라는 다급하고 절
실한 문제를 떠나서는 존재의의를 찾을 수 없다는 생각과
목을 조이는 분단의 사슬을 문제삼지 않고는 시의 문제를
해결할 수 없다는 자각을 갖게 된 것이다. 이후 나의 시의
방향은 억압에 저항하여 싸우는 이 땅의 민중과 더불어 있
게 되었으며 나는 이것을 무한한 영광으로 생각하고 있다.

　하지만 이번 이 책은 한번 훑어보면 알 수 있지만 실로
잡다한 시편들로서 나의 이런 신념이 어느 만큼 반영되어 있
는 것인지 알 수 없다. 다만 이 작품들의 배경에는 상기한
개인적 정신사가 작용하고 있다는 것을 부언하고 싶을 따
름이다. 작품을 선하고 해설을 맡아준 염무웅씨와 '창비'
여러분들께 고마운 인사를 보낸다.

1985년 3월

金　　奎　　東

차   례

제 1 부　未刊 詩集(1977~1984)

4

제 2 부   未刊 詩集(1977~1984)

제 3 부 죽음 속의 英雄(1958~1977)

제 4 부 나비와 廣場／現代의 神話(1948〜1958)

제 1 부

未刊 詩集

1977～1984

노   래

挽 歌

빗발이 듣는 세느강엔
둥둥 떠가는 가마니와 함께
황소 머리를 닮은
몇 개의 뿔이 오르내리고 있었다
나폴레옹의 군마 소리는
강심 깊이 잦아들고
피에 얼룩진 여러 개의 선언이
전봉준의 핏발선 눈처럼 빛나고 있었다
노틀담을 배경으로 사진을 찍었으나
거대한 아프리카 코끼리를 몰고 온
앙드레 브르똥의 야유와 공격 때문에
세느강 황토빛깔의 우수를
퍼담는 일을 종내 포기해야만 했다
엷은 입술에 빗물을 물고
보들레르가
콧소리로 모음자 발음만 하며
급진사상에 대하여

모종 생각을 하고 있는 것이 떠올랐다
서둘러 흐르는 강심에
성난 뿔은 잠겨가고
강변의 노점 책방은 닫혔는데
잉어들은 흙탕물 속에서도
빠리의 투명한 지성을
미인들의 회색빛 겨드랑 사이로
멀리멀리 실어 나르고 있는 것이 보였다
세월이 세느강에 흐르고
말하지 않는 죽음과 사랑도
긴 역사의 다리 아래를 흘렀다
흰 돌들과 늘어진 가로수를 스쳐
서편 하늘을 비껴가는
암울한 만가를 물결에 뒤섞으며.

안　부

알려다오
살았는지
죽었는지
그것만이라도
분계선이 꽉 막혀
오도 가도 못한다면
땅 속 깊이
바닷 속 깊이
잠겨서라도 소리쳐다오
죽어서라도 외쳐다오
혼백끼리라도 만나서
이 원한 풀어보자고
너 혼자
낮게 살려 하지 마라
낮게 살려면 거짓말해야 하는구나
거짓말로 논문이 되겠느냐
시가 되겠느냐

끊어진 형제의 마음 이어지겠느냐

말을 많이 하지 마라

고상한 말보다는

앓음 소리가 더 확고한 말이구나

말로 통일이 되겠느냐

하늘은 멀고

땅은 어두우니

스산한 까마귀야

펄럭이는 독나비야

나는 믿고 싶다

온 세상 그 무엇보다도

뛰고 있는

이 심장의 고동소리를.

送　年

기러기떼는 무사히 도착했는지
아직 가고 있는지
아무도 없는 깊은 밤하늘을
형제들은 아직도 걷고 있는지
가고 있는지
별빛은 흘러 강이 되고 눈물이 되는데
날개는 밤을 견딜 만한지
하룻밤 사이에 무너져버린
아름다운 꿈들은
정다운 추억 속에만 남아
불러보는 노래도 우리 것이 아닌데
시간은 우리 곁을 떠난다
누구들일까 가고 오는 저 그림자는
과연 누구들일까
사랑한다는 약속인 것같이
믿어달라는 하소연과도 같이
짓궂은 바람이

도시의 벽에 매어달리는데
휘적거리는 빈손 저으며
이 해가 저무는데
형제들은 무사히 가고 있는지
아무것도 이루지 못한
쓸쓸한 가슴들은 아직도 가고 있는지
허전한 길에
쓸쓸한 뉘우침은 남아
안타까운 목마름의 불빛은 남아
스산하여라 화려하여라.

유모차를 끌며

그 신문사 사장은
변변치 못한 사원을 보면
집에서 아이나 보지 왜 나오느냐고 했다
유모차를 끌며 생각하니
아이 보는 일도 쉽지 않다는 것을 깨닫는다
기저귀를 갈고 우유 먹이는 일
목욕 시켜 잠재우는 일은
책 보고 원고 쓸 시간을
군말 없이 바치면 되는 것이지만
공연히 메쓰거나
마구 울어댈 때는 귀가 멍멍해서
아무것도 생각할 수 없이 되니
이 경황에 무슨 노랜들 부를 수 있겠느냐
순수가 어디 있고 고상한 지성이 어디 있냐
신기한 것은
한마디 말도 할 줄 모르는 것이
때로 햇덩이 같은 웃음을

굴리는 일이로다

거친 피부에 닿는 너의 비둘기 같은 체온

어린것아 네게 있어선

모든 게 새롭고 황홀한 것이구나

남북의 아이들을 생각한다

아무것도 모른 채 방실거리고 자랄

미국도 일본도 소련도

핵폭탄도 식민지도 모르고 자랄

통일조선의 아이들을 생각한다

이 아이들 내일을 위해선

우리네 목숨쯤이야 초로 같은 것이면 어떠냐

탄환막이라도 되어주마

우리를 딛고 일어서라

우리 시대는 틀렸다지만

너희들은 기어이 통일된 나라 만나리라

숨막히는 열기 속에 쫓겨 달리는

차량의 물결을 스쳐

미친 바람 넘실대는 거리를
삐걱이는 유모차를 끈다
통일을 만날 어린것을 태운
유모차 끄는 일은
시 쓰는 일을 미뤄두고라도
백번 눈물겹고 신나는 노동이구나.

재　　판

의롭고 당당해야겠다 재판은
백해무익한 일을 밥먹듯 하면서도
뉘우치는 일 없으니
도대체 너는 무엇을 꿈꾸는 것이냐
소리지르지 마라
사람을 알기를 허수아비로 알고 있다
한 식구가 모여 앉아
지켜보는 적도 있으나
네가 기특해서인 줄 알면 잘못이다
기가 막히고 답답해서
죽어버리지 못해 본다면 본다
너를 보고 있으면 머리가 나빠지는구나
살아간다는 것이 무엇이냐
이토록 불공평한 세상 이치를
당장 바로잡을 생각 하는 일 아니겠느냐
너는 여기에 잿가루를 뿌리고
있어도 좋고 없어도 좋은

헛바람만 불어넣었다

목숨 부지하는 일도 어려운 판에

산더미 같은 호화상품 선전이 무엇이냐

이 나라 아이들은 모조리

직업 야구선수와 농구선수 되란 말이냐

못 먹고 못 배워도

분칠하고 서양춤 출 것이냐

무엇보다도 네게선

제국주의 냄새가 나서 질색이다

이만큼한 침략에도 부족하여

무엇을 더 빼앗겠단 것이냐

그만 빼앗아라

그만 짓밟고 그만 속여라

오만한 목청 돋구어

노동에 지친 곤한 잠 깨우지 말며

어린것들 순박한 꿈 멍들게 하지 마라

두고 봐야 허황한 놀음이다

말이면 다 말이냐
너의 말장난질은 중형이 마땅하다
그만 쳐라 북을
너는 죄없는 백성들
귀한 시간 빼앗는 기세 좋은 도적이다
양놈 왜놈 합세하여 못살게 굴지 마라
분단을 영구화하지 마라
가난한 자와 억울한 자를
사랑하는 척도 하지 마라
여상한 죄로 재판에 회부된 너는
네모난 상자 속에 숨은 요사스런 적이구나
엄한 눈하고 시청료 받아먹는.

오시는 임에게

오시는 임에게
오, 오시는 임에게
어두웠던 마음의 불 밝히고
가까이 가오리다
이처럼 멀리 떨어져 있었기에
서먹하여 우리 발길 주춤거림은
이리도 오랜 설움
지녔기 때문이외다
화사한 꽃의 부드러움으로
우리 어깨에 손을 얹으시며
말하기도 전에 모든 사연 알아주시는 당신
모래 되어 쓰러진 이 상처야
애타는 당신의 마음에 비하면
한낱 바람결에 지나지 않으니
산 넘고 물 건너
올 수도 갈 수도 없는
어려운 길 쉬지 않고 오시는 당신

모든 것 다 갖추어

그 어떤 믿음과 힘과 영광

부럽지 않은 임이시기에

때로 무겁고 더딘 그대의 걸음걸이

원망도 했으나

눈부신 빛으로 하늘과 땅 가득 채우며

오시는 임은 우리 생명의 임이시니

어떻게 맞아야 하오리까

오, 임은 정말 오시니

이 황홀한 마음

무엇에 비겨야 하오리까.

詩人의 劍

합리적인 것은 현실적이요 현실적인 것은 합리적이다——헤겔

꽃을 흔들고
날아가는 새의 날음을 보기 위해
눈을 감을 것은 없다
오늘 살면 내일 살 일이 태산 같은 삶을
심장으로부터 떼어내기 위해
어둠의 불빛 아래를 헤매일 것은 없다
팽이를 잡은 손과
펜을 쥔 손의 다름을 일기 위해
공해에 찌든 들판을 지나는 바람 소리에
귀 기울일 것은 없다
시인의 검은 치욕의 검이거니
가장 합리적인 웃음과 눈짓을 거부하고
자유를 가두는 운동을 미워하며
체제를 또한 믿지 않으리라
날개가 아니며
형태가 아니며
관념이 아니리니

숨쉬는 자유와 만나는 자유를

백두산에서 한라산 끝까지

하나 되어 솟구칠 통일의 강을 노래하리라

피 흐르는 화목을 이뤄가리라

시인의 검은

묶인 것을 자르는 바람결이거니

화살보다 빠른 뇌성이거니

육중한 것 기름진 것을 모조리 불태우며

억압을 푸는 날랜 손이리라

난초잎에 비낀 달빛이 아니어라

가슴 깊이 파헤쳐진 국토에

시멘트에 묻혀 잠드는 철근더미를

한맺힌 늑골이라 생각하자

조직이요 벽이라 느끼자

어둠이 짙으면 귀신 같은 흰 빛이 다가오리

죽은 자의 혼도 일어서는

나날의 놀라움으로

어떤 시대에도 속하지 않는
오늘의 암흑을 노래하자.

새 아침의 시

새 아침을 위해
바칠 것은
고요한 마음을 담은
한 편의 시고나
새해가 올 때마다
많은 것을 바라기도 하고
기대도 했지만
가고 오지 않는 무정한 세월
그래도
이 아침의 둥근 해를 쳐다보며
속절없이 기약해보는
가슴 속의 꿈은 무엇인가
남북의 형제들아
진실로 우리의 꿈은 무엇인가
금 없는 한 덩이 둥근 해는
이 아침 이리도 눈부시니
한 많은 겨레의 사연 위에

새 날은 다만 화려한 빛이고나
쓸쓸한 사막의 모래 위에도
해는 뜨는가
막막한 바다
어두운 森林의 고요 속에도
새 아침은 열려오는가
어디선가 들려오는
경건한 마음의 기도 소리
바람에 실려오는
그 목소리는
인류의 화평과 자유와 행복을 비는
울음 소리다
아시아의 동쪽
오, 아침의 나라에서
시인이 이 아침을 위해
바칠 것은 한 편의 시고나
새해여

이 해야말로

그 무엇보다도

통일을 내려달라고

민족이 하나가 되는

마음을 내려달라고

간절히 빌어보는 한 편의 시고나.

반지 받으러 오시는 예수님

예수님은 어째서
하늘나라에 계시지 않고
땅에 내려와
누님의 반지랑 쌀을 받아가시는가요
여러 천사들 거느리고
저 넓은 하늘 유유히 거니시며
가문 땅에 비를 주시듯
배고픈 이를 위해
넓은 사랑 나눠주시지 않고
와우동 산 몇 번지 그 교회에 내려와
아이들 돼지저금통이며
자질구레한 금붙이 따위 거둬가시는지요
물과 풀포기 하나 없는
사막의 고행길에서도
제자들을 향하여
길을 떠날 땐
쌀주머니와 짚신조차 지니지 말라

당부하신 그대 시기에
가슴 울렁이는 곡절이 캄캄한 것일지라도
우리가 겪는 지상의 비극을
어찌 감히 탓하오리까마는
당신과 우리 사이에 긴하게 상의되어야 할 것이 있음
을
어이 하오리까
부흥회서
밤새워 손뼉 치고 찬송을 한 누님은
정말 예수를 눈으로 보았다고 했다
예수는 두 팔을 벌려
세상 만물을 싸안는 인자한 모습으로
당신들은 이제 암흑에서 벗어난다
그리하여 사람다운 생활을 하게 되리라
너희에게 새로운 삶의 문을 열어주노니
내 가르침을 받으라
이렇게 말했다 한다

예수를 본 누님은
그날부터 복음을 온 장안에 전파한다고
미친 듯이 나섰다
청산유수 같은 목사님의 열띤 설교를
귓전에 새긴 채
이 거리 저 거리에
하늘나라의 소식을 알리고 다녔다
마귀를 쫓아낸다고
나의 등을 세게 두드려준 것도 이 무렵이다
이런 나날이 계속되는 동안
어린것들은 끼니를 굶어야 했고
가난한 살림살이는 엉망이 되어갔다
우리집에 오면
교회에 가서 구세주를 만나지 않고 뭣들 하느냐고
아이들 팔을 잡아끌었다
드디어 광신자가 된 누님은
예수밖에 모르는 열렬한 사도였다

울분을 못 참은 아이들이 그 교회란 델 찾아가
목사님 장로님 나오라고 항의했으나
듣는 척도 안했다
금반지며 쌀가마 양복표도 내놓으라고
소리 소리 질렀으나 아무 응답이 없었다
종로 2가 지하도 어귀에서
백차에 실려
청량리 정신병원에 간 누님은
석 달 동안 꼼짝 못하게 묶여서
잠자는 약과 시래기국만 먹었다
면회를 가면
수면제를 너무 먹어서 퉁퉁 부은 희멀건 얼굴을 하고
다시는 교회에 안 가겠으니
여기서 나가게 해달라고 어린애같이 빌었다
그 모습은 꼼찍해서 볼 수가 없었다
그로부터 몇 해가 지난 오늘날도
수면제와 진정제를 섞어 먹으며

죽은 사람처럼 그녀는 살아간다

군고구마 봉투를 안고

오늘 누님이 다녀갔다

누님 요즈음도 약 먹어요

조용히 내가 물으면

히 표정없이 웃는 얼굴을 하고는

자꾸만 살이 쪄서 살 수 없다고 사정을 한다

나는 속으로 중얼거렸다

누님은 이제 약을 그만 먹어야 하는데

금반지와 바꾼 약치곤 너무 많은

그놈의 약을 끊어야 하는데

그렇지 않다면 죽을지도 몰라

그러면서 예수님께 빌었다

주님, 당신께서 정말 여기 와 계시다면

법 없이도 살아갈

누님을 왜 이처럼 괴롭히십니까

그녀는 착한 여잡니다

누님이 옛날의 건강을 되찾을 수 있게 도와주세요
이같이 한번 빌어보는 것이었다
메꿔도 메꿔도 메꿔지지 않는
백주같이 훤한 내 부채의 구멍 앞에서.

修身齊歌

어떻게 할꺼나
──뭘, 그래 계속해
천지사방 꽉 막혀
여편넨 헤어지자고 하는데
아이들은 제 갈길 가버리고
썰렁한 방에 불가사의한 노래만 남았는데
──바다는 지금 잠자고 있다 제 깊이를 알고 싶어서
더는 참을 수 없다고
여편넨 갈라서자는데
억울한 평생 바로 세워보자고
헤어지자는데
어떻게 할꺼나
──자초지종을 말해봐 뭣이 어떻게 됐다고?
이렇게 되자고
홀어머니 버려두고 38지경 넘어섰던가
──그때 안내꾼이 새파랗게 젊은 자네더러 말했다며,
저기 희미하게 뵈는 게 바로 남조선땅이라고

노래도 이제는 부를 수 없고나

이룬 것 없이 헛살았는데

딩굴어 볼꺼나

——깨지고 부서지고 허우적거리면 뭘하나 발을 구르
면 뭘하나

이제는 노래 부르는 일조차 저주스러워

펜대 따위 내던지고

끝없는 시멘트 바닥 헤매어볼 건가

'날라리를 불꺼나

고갯짓을 하고 어깨를 흔들꺼나'

——그건 '농무'의 시인 대사지

아득한 벌판길

뼈와 가죽만 남은 그림자 이끌고 가볼 건가

이 침침한 바람 어떻게 할꺼나

——헤겔보다는 물가지수야, 돼지값이고 쌀금이지

해는 저무는데

고향도 못 가고

불효자식 됐는데

——있는 것 같기도 하고 없는 것 같기도 한 유리알
같은 노래나 빤쓰바람, 마고자바람 같은 시 쓰면 뭘하
나 마누라하고 잠이나 잘 것이지

목숨의 끝 여밀 때 다가왔는데

별빛 스치는 꿈속 길 헤매어볼 건가

——평화통일이다 점잖은 사람치고 이걸 외지 않는 사
람 어디 있나 바보 녀석

한 삼 년 독방에 갇혀

성경공부 할 건가

부처님 말씀이나 외어볼 건가

매일매일이 총총걸음

오늘 살면 내일이 걱정인 하루하루

모든 것은 결국 경제인데

——이 사람아 그걸 이제사 깨우쳤나 힘센 두 녀석은
핵승강인다

행한 일 없이 죄만 쌓인 세월을

──여기서 넋두리 삽입한다 운, 서양말로 리듬이라

조각난 땅덩이 어떻게 할 건가

──거 왜 은행대부 같은 것 해보지 그래 사기도 좀

치구

문학도 예술도 저주스러워

──소월의 '진달래꽃' 좋지! 한용운의 '님의 침묵'

은 나도 안다

미련없이 훨훨 벗어버리고

──벗어버릴 거라도 있나?

한 개 돌이 되고 잡초가 되고 싶은데

──살아서나 죽어서 시비는 세우지 마라

재가 되고 싶은데

──민중은 겸손한 거여 민심이 천심이야 건방진 소

리 작작 허드라고

어이 할꺼나

──그렇지 하늘 쳐다보고 울며 살아가는 거지

이 형벌 어이 할꺼나

──형벌이라고? 콧대가 꾸미는 일이여 코가

　　모든 것은 다만 경제로부터 시작되는데

　　──나도 모르겠다. 진작부터 말했지만 갈길이 바쁘

당께……붙잡지 마라.

호남평야

이 넓은 들판을
끝 닿은 데 없이 넓은 벌판을
새매 한 마리 날지 않고
아쉬움인가
어여쁜 눈물자죽 빛내며
해는 진다
나락은 모두 거둬들였으나
땀흘려 일한 사람들
무엇을 나눠 가졌을까
착한 마음밖에 가진 것 없는 사람들
무엇을 나눠 가졌을까
텅 빈 들판에 남은 건
정지된 시간의 흐름이다
가슴에 넘치는 고요함이다
서울서 온 양복쟁이는
여기를 지나는 것조차 조심스러워
딴전만 부리는구나
딴소리만 드뇌이며 가는구나.

獻　詞

말하지 않는

하늘과 들이

말하지 않는

임들과 산천초목이

우리 가슴 휘감으니

유월은

차마 되새길 수 없는 추억이고나

제 동족끼리

피 흘려 싸우다니

삼천리 내 강토

불바다 만들다니

후덥지근한

바람 속에

흐느끼는 울음소리

천지에 가득 넘쳐

온 세계

자유와 양심의 벗들아

그대들은 이 비극을 어떻다 하는가
포연 속에 사라진
수많은 형제들
검은 흙에 묻혀 세월은 가고
남북의 대결 속
우리는 살아서
위태로운 번영의 시대를 누린다
오
하늘과 들이
사라진 임들과 산천초목이
이리도 막막하고 서글픈
상념의 물굽이 일으켜 세우니
남북이 하나가 되는
눈부신 탄생의 아침은
언제이냐.

들 에 서

이제 남은 것은
홀가분하게
길이나 걸어보는 일인가
그대 노래하려면
분방한 계절의 빛이나 노래하라
산천이 애태우지만
자동차만 연이어 달리는
성남 가는 길은
텅 비어
십 년 하루같이
그저 이렇게
텅 비어서 살 바에야
차라리 같이 죽어나 버리자는
아내와 좀 다투고 나서
길을 걸으니
새삼 살고 싶은 마음이
무럭무럭 일어

뿌연 하늘도 바라보고
먼지 자욱한 도시도 되돌아본다
정신과 육체를
다지고 도려내어
다만 꿈꾸는 기쁨을
누리며 살아보자는 것도
생명이 남아 있는 탓이라
얼마간의 수분과 석회질로 엮어진
이 퇴락해가는 물질 속에
생명이 남아 있는 탓이라
그래도 들리는 것이 있다
김규동
멈춰서 보라
길가의 민들레 풀포기가
살포시 말하고 있는 것이.

밤의 노래

당신은 누구인가
말을 하라
스쳐가는
얼굴은
처음 보는 얼굴이다
그들이
나를 노렸는지
내가 그들을
노리고 있었는지
알 길이 없다
미명을 향하여 밤은 멀고
시간이 잠시 멈춰선다
스쳐가면서
언뜻 바라보는
미이라 같은 얼굴의
경직된 눈빛
달빛은

땅 위 가득 넘쳐나는데
그들은 나를 향해 오고 있고
나는 막다른 길에서
땀을 흘린다
이 고단한 잠에서
꿈을 꾸는 것은
아직도 내게 지켜야 할
그 무엇이 남아 있는 때문인가
밤은 강물 되어
피를 흘리고
가까왔다 멀어지는
호루라기 소리 속에
이 밤이 답답하다고
어둠을 차고 일어나
소리치는 사람은 없다.

이카로스 悲歌

낙하하지 않고는 심연을 알 수 없다
그때 비로소 의식은 돌아올 것이다
지금은 단애의 마지막 단계에 와 있다
죽은 말소리와
끈질긴 세월의 틈바구니에서
한 자루 연필이나 짐짝처럼 구르며
임리한 물질인 스스로를 키워간다
어찌 코와 눈과 팔다리의 움직임만으로
뜨겁다든가 차다든가 하는
저 흐름의 흔적만으로
멸하여가는 것을 증명한다 할 수 있을까
있다는 것만으로 물질은 거기 보이고
우리의 오늘과 내일은 사라진다
우선 끊어야 할 것이 있는데
고통스런 반복과 뭉개진 인정 사이에서
끊어야 할 것이 있는데
단애에 울리는 파도 소리는 어둡고 차다

모순의 안과 밖에 흩어지는 언어
머리를 풀어헤친 수목의 그늘이
쓰러진 생활의 잔해에
옛날처럼 따스한 속삭임의 몸짓을 보내나
지평선을 달리는 경직된 이성이
슬픔의 중심을 알 까닭이 없다
하여
산다는 것은 더욱 갇힌다는 것이고
어디를 바라봐도
약속처럼 매여 있다는 것이다
무의미한 말의 집적에 눌려
타인같이 어두운 거울 앞에
자신의 얼굴을 가꿔본다는 것이다
고독은 때로 관능적인 것이기도 하기에
물질과 물질이 부딪는 사소한 소음에도
이처럼 살벌한 꿈을 꾸게 되나 보다
이카로스여 날개여

그대와 우리 사이에 교감하는
이 흔들림의 선율은 무엇인가
가슴에 파고드는 이 침묵의 뜻은 무엇인가.

길

모두가
바쁘구나
눈만 뜨면
어제 일이 또 시작이다
매연에 그슬은 길로
다시 나아간다
잃으려 나아가고
얻기 위해 나아가는구나
가다오다
이것도 저것도 아니 되면
웃고 헤어진 임이나 그려볼까
이 세상 아닌 것처럼 피어 널린
민들레꽃 그림자나 돌아다볼까
말 한마디 없는 채로
나란히 나란히
우중충한 거리 기우뚱 나아간다.

육체와 괴물

유령임에 틀림없다
나의 장기 속에 숨은
모양지을 수 없는 괴물은
언제부터 길러온 것일까
바다에 잠긴 군함의 빛을 띤
늠름한 괴물
동굴 속을 걸어들어오는 악령의
소리없는 몸짓
내 안에 들어와 사는
이 거대한 물질에 대하여
신음하거나 놀라는 일조차 없다
그와 대화하는 일도 없지만
우수에 잠긴 마음으로
너는 분명 유령이다라고
판단하는 아침이면
빗장을 밀고 빠져나가는
너의 널따란 등

부유하는 공기 속을 나는가 보다
가까이 오고 있는
죽음의 화려한 빛을 남기고
정신이여
밖에서 안을 들여다보고 섰는
여읜 모습이여.

통일의 얼굴

갓난애기는 아직
핏덩이에 지나지 않은 줄 알았더니
손이며 발이며 이목구비 모두
자상하게 사람을 닮았구나
부처님처럼 신비롭게 생겼구나
흐린 눈을 비비며
애기를 바라보고 있으면
어린 생명이 작은 눈을 뜨고
나를 쳐다본다
너의 맑은 눈빛이
금없이 둥근 우주구나
햇빛이구나
어린것이 뚫어지게 나를 쳐다보면
부끄럽고 쇠스런 마음 솟구쳐
당황한다
태어난 지 백 날도 안된 네가
어찌 우리 살아가는 세상 알랴마는

옥같이 맑은 동자에 어린 세계는
오직 하나이다
흩어지지도 갈라지지도 않은
통일된 완전한 세계다

8·15 해방으로부터 39년 동안
남북이 갈라진 채로
우리는 살아가고 있구나
눌리고 부서지고 가슴을 쥐어뜯으며
그래도 우리는 살아가고 있구나
잔인하여라 무서워라
이 작은 땅덩이 두 동강낸 자 누구냐
그리하여 분단을 영구화하려는 자 누구이냐
오랜 세월
피눈물 삼키며 견디어 왔다
이제 더 무엇을 주저하랴
이제는 남북이 하나가 되지 않고는

살 수 없다는 확신이 서는구나
이 이상 거짓 삶을 살아선 안된다는 것을
어린것의 맑은 두 눈이
새삼 가르쳐주고 있다

너와 나의
그대들과 그대 이웃들의
양심이 말하기를
오늘 당장에라도 통일하겠다 다짐만 한다면
형제가 하나로 뭉쳐야겠다고
마음만 먹는다면
백번 천번 통일은 될 수 있다는 것을

조국통일은 바로 양심이구나
양심은 말보다 실천이구나
이 겨레가 무엇을 원하고 있는가를
열렬히 찾아나선

구도자여 시대의 스승들이여
통일을 실천하는 뜨거운 아침을 열자
과감히 열자
우리 또한 애타는 마음으로
남북이 하나가 되는 위대한 삶의 날 향해
꺾이지 않고 나가리니

겨레여
눈부신 햇살처럼 동방에 떠오르는
금없는 나라의 얼굴 떠올려보자.

무 등 산

한 몸이 되기도 전에
두 팔 벌려 어깨를 꼈다
흩어졌는가 하면
다시 모이고
모였다간 다시 흩어진다
높지도 얕지도 않게
그러나 모두는 평등하게
이 하늘 아래 뿌리박고 서서
아 이것을 지키기 위해
그처럼 오랜 세월 견디었구나.

3·1 만세

산을 넘고 들을 지나
저 혼자 오는 봄바람은
그날의 바람일 게다
어떻게 싸웠던가 임들은
얼마나 초연했던가 적의 총칼을 박차고
그날을 되새기는 바람 속에
제비들도 오려는가
얼었던 대지에 봄빛은 찾아드는데
가신 이들 무덤가에도
봄풀은 돋아나는지
거침없이 내달은 겨레의 항의
자유와 독립 외치는 그날의 만세 소리
천지를 뒤흔드니
바람이 혼자 와서
분단된 국토에 서러운 봄소식을 전한다
위대한 빛은 영원한 것이기에
빈 하늘 아래 사랑의 빛을 보는 이

국외자여

정의와 비분과 영예의 날을 노래하자

어디서 그런 힘이 솟았던가

어디서 그런 사랑이 태어났던가

한없이 넓은 마음의 우주 가득 채우며

거룩한 모습으로 다가서는 절대의 幻影

3·1 만세

우리들 가슴 속에 출렁이니

가난과 설움 벗하여 살아온

민족이라 할지라도

전세계에 자랑하자

이 떳떳한 정신과 양심의 소리를

이제는 불을 붙이자 죄 많은 마음에

조국통일을 우리 손으로 이룩하리라

누가 누구를 꾸짖으랴

서로 사랑하는 마음으로 껴안으며

꿈에도 잊지 못할 통일의 날을 향해

기미년 그날같이 일어서보자
따뜻한 봄바람이 강산을 지난다
설레이는 물결같이
삼월이 산하에 넘친다.

제 2 부

未刊 詩集

1977～1984

그날이 오면

보리밭 가를
씽씽 달려보고 싶어라
그날의 누런 보리밭 가를
로스케 장난삼아
허공에 따발총 쏘며
히히 웃던 팔월은
푸른 대기 속에서
왜 그다지도
씽씽 소리가 났던 것일까
소달구지 빼앗아 타고
도망가던 일본것들
살려달라 빌던 팔월은
왜 그리도 숨가빴던 것일까
압제와 약탈의 36년은 끝나
감옥문 부서지고
독립투사 나오시던 날
눌렸던 형제들

삼천리를 뒤흔든 만세 소리

그날의 하늘은 왜 그다지도 푸르렀던가

하얀 옥양목 바지 저고리 입으시고

한 손에 태극기 드신

백부님의 웃음은

그 신작로 길에서

어찌하여 그다지도 찬란했던가

자유해방만세

조선독립만세

만세 소리 천지에 뒤덮였던 팔월은

씽씽 소리가 났기에

8월 15일

그날이 오면

숨죽이고

그 울림 듣고 싶어라

금없는

만세 소리 다시 듣고 싶어라.

分　斷

이슬에 젖은

거울을 숨기고

두 개의 몸짓을 본다

이처럼 다른

두 얼굴이 나타내는 것

어둠의 끝이다

운명의 끝이다

우리 서로 쳐다본 채로 죽는

죽음의 빛이다

상승과 낙하가 하나가 되는

종말의 빛이다

폐허에 막이 내리면

뿌리 달린 현실은

캄캄한 심장을 흔들어 놓는데.

사막의 노래

나의 멜로디를 잊고 싶다
고독은 간소한 격식 속에 있으니
여기서 무엇을 더 바라랴
사막에 와보니
희뿌연 볕뿐이다
풀도 없는 돌밭을
양떼를 몰고 가는
여자의 얼굴 잘 보이지 않고
갑자기 공간이 지평선 저쪽에 기운다
알라신이여
한 마리 새도 날지 않는 세계를
숨을 죽이고 걸으니
한 시대의 목메인 기도 소리
가슴을 뚫고 멀리멀리 사라져갔다.

杜　甫

해는 졌읍니다

강물이

슬피 웁니다

까마귀 집으로 돌아갑니다

손이 곱아

띠를 맬 수 없는데

옷은 짧아

바람이 시립니다

양식은 떨어져

막내둥이는 굶어 죽었고

전쟁은 계속됩니다

아득한 이 하늘가

묵어갈 잠자리는 있을는지.

예수님의 理解

예수님 말씀이
옳다고
새벽 교회에 열심히도 **나가더니**
급기야
정신병원에 입원한 당신을
나쁘다고 할 사람은 없소

어린 사남매가
저희들끼리 끼니를 끓이며
남모를 불행을 겪어도
들여다봐줄 이 없는데
여름은 가고 가을이 왔소

수면제를 먹어서
뎅뎅 부은 얼굴로
이제 나아서 나온다니
옳은 말 정직한 말이**라면**

끝내 믿어야 성이 풀리는 천성이
좀 죽었는지 모르겠소

내게 마귀가 붙었다고
등을 툭툭 때려주던 당신의 손이
아직 내 잔등에서 울리고 있소
거짓을 거짓인 줄 알면서 행하고
권하면서 살아가야 하는 삶이
벼락을 맞고 주춤거리는 느낌으로
가슴 복판을
섬찍하게 울리고 있소

내게 없어도 남에게 줘야 마음을 놓는
그래서 늘 가난한
정신병원 신세지는 당신이여
이번에 나오면
교회만은 가지 말아줘요

예수는 믿어도

부흥회 같은 데는 제발 가지 말아요

죽어 사는 당신을

예수님은 이해해줄 것이오

예수님이 정말 아신다면

믿어줄 것이오 평등하게 살고 싶다는 당신을.

달아오를 아궁이를 위한 시

시가 안 되어
별짓 다 해보다
아궁이를 뜯었다
동서고금 유명하다는
시인들의 시를
이것저것
외워도 보고
그것을 쓸 때의 시인의 모습을 그려보고
이것도 아니다 저것도 아니다
마감날은 지났는데 고민하던 끝에
아궁이를 뜯었다
앞집 아주머님네는
팔만 원 들여 온돌까지 뜯었지만
그런 것은 엄두도 못내고
만만한 아궁이를 뜯었다
시꺼먼 연탄을 두 장썩 삼켜먹고도
얼음장인 이 온돌은 도대체 무엇이냐

검붉게 썩은 방바닥이 발이 시리다

저주스런 방이다

쌍말로 빌어먹을 온돌이다

정을 대고 망치질을 해서 뜯어낸 다음

허리 아래 묻혔던 화로를

가슴팍까지 끌어올려서 묻고

급한 성미에 맨손으로

시멘트를 반죽해서

든든하게 발랐다

완전히 반나절이 걸렸다

이까짓 일을 하는데 반나절이 걸린다

외출에서 돌아온 아내가

시를 쓴다더니 뭘하느냐고 놀랐다

나는 먼지를 뒤집어쓴 얼굴로

담배 한대 피워물고

무슨 커다란 자신이라도 선 것처럼

한마디하였다

이젠 틀림없을 거요
어디 불 한번 넣어보시오라고
밤낮 무슨 실험 같은 것이나 하고 사는
이런 남편을 믿고 평생을 사는 아내가
가엾은 생각이 들었으나
마음은 새로이 안정을 얻은 듯싶었다
저녁에
대학을 마치고
회사에 다니는 큰아이가 퇴근하고 돌아와
모래 되어 쓰러진 애비보고
한마디 수고했다는 인사도 없이
족보에 없는 음악을 듣고 앉았는 것이
약간 서운하기는 했으나.

풍　경

개는
한쪽 다리를 들더니
하필이면 송덕비에 대고
오줌을 갈겼다
이 놈의 개를
지하의 어르신네가
당장 호통치셨지만
개가 뭘 글줄이나 읽을 줄 안다고
그러시나 싶어 웃었다.

무 교 동

이렇게도 많은 발자국이
가고 또 오지만
알 만한 사람은 없다
여기를 지나면 어딜까
그들은 먼 하늘 아래를 걷고 있거나
죽었거나
찻길이 막혀 못 오거나
책보따리를 꾸려가지고
시골 내려갔다
청계천은
콘크리트 바닥 밑에서
검은 얼굴 비벼대며 썩는다
광교 근처에 멈춰서면
한나절
나는 걷기만 하면 된다
앞의 젊은이와 부딪치지 않도록 조심하며
하늘가엔

누가 버렸는지
해어진 기폭이 나부낀다
열려 있다는 얼굴을 하고 있는 무교동
패하여 시체가 된 사람들 모습이 다가선다
그들의 아우성 소리가 쟁쟁하다.

셰익스피어의 모순

셰익스피어를 공부하러
미국을 갔는데
접시닦기와 잔디깎기만 실컷 하였다
여름방학에
동부에 벌이를 가서는
찌는 더위 속 자동차 공장에서
나사못을 주웠으나
왕복 비행기삯과 약값을 제하니
본전이었다
영문학이라면 셰익스피어인 줄 아는데
이놈의 오셀로 햄릿은
도서관과 학교 연구실에만 있고
억척 같은 생활 속엔 보이질 않는다
맥베스의 결심처럼
전신의 힘을 모아 하늘에 치솟은 마천루
넓디넓은 천지에서
그 꼭대기를 쳐다보면

사지에서 빠져나가는

시간의 고동 소리가 들리고

얼어드는 의식이 땅 속 깊이 파고든다

쉴 새 없이 깎아도 자라는 잔디는

무의식의 흐름처럼 멀어

때로 무궁한 초원에 쓰러져

인공의 탑을 스치는 구름에 취하며

서울의 지붕밑을 그려도 보지만

미국의 해는 석양 노을도 없이 졌다

한 시간 4달러의 잔디깎기는 땀에 배어

막이 내릴 때같이

요란한 박수 소리만 들리는 듯한데

나뭇잎을 흔드는 한 점 바람에 기대어

캘리포니아 백인의 정원을 밟고 서서

용해된 로스앤젤리스의 공해를 만끽한다

떠올리는 게 있어 조용히 가슴을 열면

형식은 몰라도 알맹이를 얻었으면 돌아오라는

육친의 목소리가 들리고
우리가 노래해야 할
시의 근본과 핵심이 무엇이냐고
외치는 벗들의 얼굴이 있다
봉건 속에 살아온 내 육친이여
언제나 자식이 건강하게 잘 있기만 빌고 있는 육친이여
잘린 허리의 상처를 안고
부대끼며 싸우며
오직 하나의 하늘과 땅을 향해
주야로 흐르는 민중의 한에 섞여서
자식의 내일을 비는 그 마음
그 따스함 너머로
고국 산천이 속삭여주고 있다
셰익스피어보다 더 위대한 세계가
너를 기다리고 있다고——
시의 떳떳함과 삶의 진실이
고국 산천에 가득 넘쳐 있다고

답답하고 어둡게 때로는 경쾌하게
아직도 가슴 한 모퉁이서 고동치는
이것은 무엇인가
백인의 넓은 뜰에 서서
서글픈 회한처럼 반추해보는 이 고달픔
그것은
알 수 없는 내일의 여백을 물들이며
황혼의 적막을 메꿔가곤 했다.

反　面

시인이 쓴 시를
젊은것들 심심풀이로라도 읽어줄 만한데
그런가
자네도 그런 소리하나

황폐 속에서도
시집은 나온다는데
강산에 시 읽는 소리
요란하니 걱정이로세

이래서 되겠나
이래도 세련된 문장으로 뽑아볼 건가
이번엔 또 무슨 소리를
찧고 까부는 소리 늘어놓아볼 건가

오죽 답답하고 막막하면
많은 아이들이 전자오락실 갔거나

운동장엘 갔거나 TV에 매달렸거나
인기가수 싸인 받으러 갔겠는가

그래도 쓰겠다면
죽어라고 외면하는
젊은것들 마음 속에나 한번 들어가 보세
그들의 반항이 무엇인가를 알아나 보세

그들이 눈이 멀어서 그런다 해도
그건 이쪽에도 책임이 있는 일이니
더 이상 맹목을 부채질하는
제목을 골라선 영원히 이 시대의 죄인 되고 마네

나무아미타불 관세음보살
갑자 을축 하늘천 따지 계해년 구월에
사는 것도 어렵지만 죽는 일도 어렵구나
그만들 해라 그만들 해.

肖　像

부처님이
뭐라고 하셨는지
알 까닭이 없다
절하고
비는
어머님 머리 위를
연필 타는 냄새같이 향이 피었다
부처님은 다만
그 자리에 앉아 계시고
어머님 모습이 유독 빛났다
달빛인 듯 스산한 그늘에
흔들리는 연꽃 그림자
나는 문득 기이한 내 미래를 보았다
두 다리 절룩이며 38선을 헤매는
까만 눈동자의 소년을
부처님은 미소를 머금고
한 손을 가볍게 쳐들었다

정성껏 절하는 어머님 흰옷 뒤에서

인경 소리에 살포시 지는

꽃잎이

딴세상같이 고요하여

두 마리 용이

흰 종이를 물고 하늘로 날아오르는 것도

이런 날이려니 생각하였다.

의식의 나무

우리가 보지 않는 동안에도

부러지지 않고 서서

우리가 잠자는 동안에도

죽지 않고 서서

우리가 죽은 뒤에도

말없이 서서

하늘로 뻗어오르며

구름이 되고 빛이 되어

활활 타오르는

생각하는 나무여

아 부드러운 나무의 뼈.

千祥炳씨의 시계

어려운 부탁 한 번 한 뒤면
주먹만큼 큼직한 동작으로
저고리 소매를 걷어올리고
시계를 봤다
칠이 벗겨진
천상병씨의 시계에
남도 저녁 노을이 비꼈다
시계 없이도
시간의 흐름을 짐작할 수 있노라고
얼어드는 언어의 층계를 오르내리는 내게
천상병씨의 낡아빠진 시계는
어째서 자꾸
뭉클한 감정만을 일깨워주고 있는 것일까.

유리의 성

싸늘한 이성으로 하여
더없이 빛나는
너의 뜻을
저주하며 사랑하리라
어쩌면 그처럼 능란하게
사자의 얼굴도 떠올리느냐
너는 커다란 밧줄로
우리의 수심을 얽어맨다
앵무새같이 가느다란 감성을
매일매일 분가루로 훔치면서
가장 잘 죽는 법을 익히는 아이들아
이제는
강물이 거꾸로 흐르는 꿈도 꾸기에
찬연한 성벽을 사이에 두고
허허 웃을 수도 있다
악마와 도적을
숨길 이유가 무엇이냐

오직 한 사람의

불행한 여자도 살리지 못했다

위기는 날마다

빈손 치켜들며

고도성장의 시대를 가리키건만

태연히 앉아

양심도 매도할 수 있구나

높이 솟아라

더 높이 솟아 하늘에 닿아라

처량한 마음이

시퍼런 파도에

부서져 나부끼는 동안은.

扶　餘

봄안개에 가리어
강은 보이지 않았다
시인의 시비 옆에서 잔을 기울이며
바람에 씻기는 나무와 산을 바라보았다
근년까지도 산 밑에서 밭을 갈다 보면
사람 뼈가 수두룩하게 나왔었다고
도중
공주 동학혁명탑 아래서
이문구씨는 이야기했다
낙화암은 저쪽 위지요
아직도 물은 깊으니 천승세 선배가
낚시를 드리울 수밖에 없지 않겠느냐고
이호철씨가 말문을 뗐다
일단의 시인과 소설가와 평론가가
포룡정 연못가를 거닐며
용과 하룻밤 잠자리를 같이 했다는
여인을 그려보는 동안

살살 날리는 산과 밭과 들판은

옛 백제 사람들 소리를 내는데

귓가에 계백 장군의 말발굽 소리도

들릴까 하여 잠시 침묵했다

바라보니 화창한 날씨 속에

동학농민군의 함성이

자욱한 안개를 헤치고

공주성 쪽으로 달려가고 있었다

이마에 흰 수건 두른 의병이

일제히 일어나

구름처럼 달려가고 있는 것이 보였다.

오늘의 사진

이렇게 수척하니
수염이나 길러봤으면 하지만
그것은 비위생적이다
버스는 기를 쓰며 달리고
라디오는
창자 속을 뒤집어 놓는데
영웅의 목소리는 아무 데도 없다
외치는 소리는
광고선전과 노랫소린데
이것이 싫다면
내려서 걸으란다
맹물 같은 말과 근심을 먹고
우리는 기운을 차린다
욍욍거리는 바퀴 속에
빨려드는 혼을 감춰나 볼까
굴러가는 것이다
굴러가게 해놓고

그들은 억만금의 돈을 훔치고
거창한 회고록을 쓸 것이다.

母　情

30년 동안
어머니는
아들이 밟고 간
38선 근처에 와서
서성거리다 돌아가신다
번개가 치는 그믐밤에도
날씨 좋은 날에도
아들의 그림자라도 볼까 하여
그렇게 하신다
살아 있는 목숨이라면
어찌하여 만날 수 없느냐
누가 우리의 길을 막는 것이냐
잡초만 무성한 38선을
아무리 서성거려도
어머니는 알 수 없는 일이어서
아득한 하늘끝 홀로 헤매다
돌아가신다.

가   족

둘은 가버리고
막내가 남았다
너도 이윽고 어디론가
가야 하겠지
빈 책상 서랍을
열었다 닫는다
하늘이 푸르구나
뭘한다고 셋썩이나 낳아
이 고생 하느냐고
싸우기도 많이 싸웠지만——
이제 내 펜대의 사념도 침묵에 싸인다
애들아
다 크고 나면 그저 이렇게 멋없으나
아직도 내 잔등에 가물거리는 것
너희들이 목마를 타던
고사리손의 감촉이고나.

무서운 아이들

대롱이는 혀가 짧아
말을 제대로 못했다
성문에서 뛰어내리다 혀를 깨물었다고 했다
큰 머리에 두어 군데 흉터가 있는데 거기만 머리털이
없었다
아이들은
대롱이를
대롱 대롱 똥대롱 하고 놀렸다
그러면 대롱이가 입을 헤벌리고 쫓아왔다
아이들은 달아나며 돌을 던지기도 하고 뒤로 돌아가
막대기로 차기도 했다
대롱이는 어쩔 줄 모르고 멈춰서서 어허 하고 울음보
를 터뜨렸다
히히 웃으며 잔인한 짓거리 저지르기 좋아하던 무서운
아이들
아이들은 여럿 함께 달려들어 그를 쓰러뜨리고 때렸다
얻어맞으면서 그는 모를 소리 배앝으며 마구 울었다

대롱이는 코피를 흘렸다

아이들이 다 가버린 운동장 구석 같은 데서 흙투성이가 된 채 딩굴며 그는 슬피 울었다

대롱이네 집은 어딘지 모르나 학교에서 아주 멀다고 했다

어스름 저녁 멍하니 앉아 있을 때 어디선가 대롱이 우는 소리가 들려왔다

그때 아이들 얼굴은 다 잊었으나 대롱이 피에 젖은 얼굴이 선히 보인다

나보다 윗반이던 검은 옷 입은 대롱이, 대롱이는 지금 이북에 살아 있을까

혀가 짧아 말을 더듬거리던 가엾은 대롱이

어서 통일이 되어 다만 한 번만이라도 그를 만나보았으면.

青年畫家傳

그때 38선에서 화가 ㄱ은 이런 말을 남기고 숨을 거두었다

이 경계선을

아 남과 북을

왔다

갔다 하다 마는구나

결국——

제 3 부

죽음 속의 英雄

1958〜1977

한 시대

작은 돌이
공중에서 떨어졌다
돌을 피하여
달아나는 바람이
내게 와닿는 소리가 들린다
무겁고 어두운 거울 속으로부터
뛰쳐나온 사내들은
대부분 온데간데 없다
날이 밝으면
아무것도 보지 않기 위하여
눈을 부비며 나서는 기둥과 벽이
음산한 森林을 돌아
내게로 온다
타다 남은 마음의 공터에
불을 붙이면
죽음의 냄새는 심장 가까이 와서
새의 깃소리같이 파닥거린다

나는 에스컬레이터를 타고 내려오며

물 위에 떨어진 달이

흔들리는 것을 본다

한 시대의 기묘한 얼굴이

물 속에 잠긴다

깊은 水深이다

손이 金屬에 얼어붙어 떨어지지 않았다.

북에서 온 어머님 편지

꿈에 네가 왔더라
스물세 살 때 훌쩍 떠난 네가
마흔일곱 살 나그네 되어
네가 왔더라
살아생전에 만나라도 보았으면
허구한 날 근심만 하던 네가 왔더라
너는 울기만 하더라
내 무릎에 머리를 묻고
한마디 말도 없이
어린애처럼 그저 울기만 하더라
목놓아 울기만 하더라
네가 어쩌면 그처럼 여위었느냐
멀고먼 날들을 죽지 않고 살아서
네가 날 찾아 정말 왔더라
너는 내게 말하더라
다신 어머니 곁을 떠나지 않겠노라고
눈물어린 두 눈이
그렇게 말하더라 말하더라.

어둠을 앓는 病

그는
우리들의 병을 고치지 못한다
폐허 위에 뜬 달을 향하여
개가 짖는 밤이면
考古學 속에서처럼 쓸쓸한 이야기가 들려온다
스산한 밤물결이
정신의 빈 구석에 스밀 때
日月은 花鳥 노니는
내 지난 시절의 병풍 뒤에
흰나비의 그림자를 떨구었다
그리움이여
주저없이 내려라
우리의 병은 어두운 日月을 달리는 병
보이지도 들리지도 않는
바람 속에 우뚝 선 그림자
이제는 죽음도 죽음이 아니고
우리의 걸음걸이도 걸음걸이가 아니다

바다 밑 그윽한 음계 속에 고요히 피는 이상한 꽃
사념의 엷은 빛이여
거센 시대의 물결에 밀린 아이들은
자꾸만 밖으로 나가려 하고
우리는 그것을 말리며
우리의 가정을 다스려왔다
눈이 감긴 채로 정신의 눈이 감긴 채로
요란하게 뒤집히는 비현실의 질주
욕망과 단념의 빛나는 두려움을 딛고
부서지는 언어 속의 자유는
고독을 적시는 작은 물결
그는 우리들의 병을 고치지 못한다
빈병처럼 조용한 형상 가운데
세월은 폭탄 모양으로 피고 지고
보람은 서글픈 落照 되어
바다의 침묵을 잠재웠다
문을 닫아라

사상의 나무를 가꾸기 위하여
우리 떨리는 개성을 불사르기 위하여
어둠을 앓는 병을 키워가자.

용해되어 가는 立像

호랑이는 늙었나 보다
처참히 용해되어 가고 있다
인간의 꿈은
철사 모양으로 선회하던가요
낙엽이 지니
이 길은 다시 시멘트 담장을 드러내었다
기계는
내 肺臟의 순수를 파헤쳐 놓았다
이별의 性分엔
硬度가 없고
댁에서는 장미를 싸줬던가요
그저
이런 말소리가 오가는 가운데
나뭇가지 끝에서
한 점 눈송이가 굴러떨어진다
심리학에서는
이런 효능을 뭐라고 하는지

알았으면 좋겠다
아름다운 것은 망가진다.

어머님前 上書

솔개 한 마리
나즈막히 상공을 돌거든
어린날의 모습같이
그가 지금
조그맣게 어딘가 가고 있는 것이라
생각하세요

움직이는 그림자는
영원에 가려
돌아오지 않지만
달빛에 묻어서라도
그 목소리는 돌아오는 것이라
여겨주세요

이제 생각하면
운명이라고 잊혀도 지건만
겨레의 허리에 감긴 사슬

너무나 무거우니
아직도 우리들은
조그맣게 조그맣게
걸어가고만 있나 봐요

아무리 애써도 닿지 못하는
서투른 이 발걸음
죽은 자와 더불어 헤매어 봅니다

솔개 한 마리
빈 하늘을 돌거든
차가운 흙 속에서라도
어여삐 웃어주세요.

사월의 어머니

이 허전한 마음은
지옥의 입구같이 스산한
현실을 살아서 헤매고 있다는
유일한 증거다
아 들에는 아무것도 보이지 않는다
가련한 생물같이 지친
인간의 머리 위를
한 떨기 목련이
초롱불 켜 들고 머뭇거릴 뿐
흰 구름 끝없이 흘러
봄풀만 새로운데
어머닌 작은 길을 돌아
또 들에 나선다
책가방을 들고
어머니를 부르며 뛰어들던 네가
내 가슴 속에서
웃고 있구나

괴로울 때도 슬플 때도
엄마를 불러다오
네가 사는 곳엔
인정도 빛도 많아서
아 빈 들에서 너를 만나면
그저 눈물이 앞을 가려
우린 무슨 말을 하여야 옳으냐
자유 그리고 민주주의
바로 너희들이 외치던 소리는
넓은 하늘가에 그대로 남아 있는데
총탄에 뚫린 네 가슴의 상처
아 내 흰 저고리로 가리우마
하지만 이 지구의 어딘가에
네가 부르는 소리 남아 있을 것만 같아
빈 들을 달리는
어미의 마음을
혁명의 날이여

4·19

너는 잊어선 안된다.

노을과 시

혼자만 와서 불타는 저녁 노을은
내게 있어 한 고통거리다
가슴을 헤치고
혼자만 와서 불타는 저녁 노을을
원망하며 바라본다
노을 속에서는
언제나 우렁찬 만세 소리가 들리고
누님의 얼굴이 환히 비친다
이러한 때
노을은 신이 나서 붉은 물감을
함부로 칠하며
북을 치고 농부들같이 춤을 춘다
한 컵의 냉수를 마시고
오늘도 빈손으로 맞는 나의 저녁 노을
저녁 노을을 쳐다보는 사람은 벌써
도시에 없다.

황금의 旅路

은빛 가지밭 사이를 빠져나와
잡초가 자란 둑길을 슬그머니 돌아서
서산 허리에 남색 그림자를 떨구는가 싶더니
태양은
떠나는 이의 가슴을 황금으로 물들인다

조마조마한 것은 빛깔의 되풀이다
산을 넘으면 아득한 벌판이 있고
벌판을 지나면
산짐승 같은 女神이 사는 마을도 있으리
미켈란젤로의 공간은 위태롭다
꿈의 落下

혼자라도 좋으니
무슨 씩씩한 노래라도 부르고 싶다
이슬에 젖은 가냘픈 식물의 눈과 귀
어떻게 하면 좋은가

지구를 지나는 걸음걸이가 휘청거린다

밀짚모자 밑에 이마를 가리우자
돌아가는 길은 언제나 쓸쓸한 것을
지금 몇 시일까
피부를 건드리는 것은
세계를 한 바퀴 돌아온 연두빛 바람인가 보다.

아버지의 植木

아버지의 식목은 구식이다
집장사 집은 그렇게 해서 안되는데
아버지의 도덕은 온통 구식이다

억대짜리 당신의 호화주택의 지반도
잡석과 연탄재로 메꿔졌다면
아무리 벼락부자 나으리라도
그리 기분이 좋진 않을 것이다

한 그루의 나무를 심는데
아버지는 돌과 유리조각
비닐 포장지 따위 일일이 가려내고
진짜 흙으로만 덮어서 심어야 성이 풀린다

돈을 못 버는 아버지
아버지의 도덕은 벌써 구식이다
정보시대에

정보를 등지면 자연도태된다는
자식들의 이론이
항상 아버지의 양심을 괴롭히지만
식목할 때만큼은
아버지 인생관은 끄떡도 않는다
그래서 아버지는 건강하다
텔레비젼 선전에 나오는 약을 쓰지 않고도
얼마든지 무거운 노동에 견딘다

구식인 도덕을 믿고 싸우는 아버지는
하지만 혼자다.

시의 天國

한 편의 시는
연탄 한 개 만한 열기라도 있을까
한 백 리쯤 걸어도 끄떡없는
근력이 있을는지
뜻없이 푸른 하늘 아래
조용히 흐르는
실의를 달랠 수 있을런지
헐린 無許建物이
가축의 뼈다귀처럼 길가에 나딩구는 오후
바람은 풍경을 손질하느라고 분주한데
포켓의 먼지를 털며
말의 효력을 믿어서는 안된다
흰 이마에 회의와 애탄의 불을 켜 들고
무거운 입술을 굳게 다문 고뇌의 증인
보들레르여
절망이 어떻게 빛을 볼 수 있었던가
울부짖는 바다는 저 혼자 단애에 부서지고

낮과 밤을 잇는 세계의 소식은 불꽃을 튀기건만

소리없이 나의 視野를 적시는 빛

눈물이여

내 시의 천국엔 흰나비 한 마리.

南北會談

남에서 오신 손님
북에서 온 손님
마주앉아 이야기 나눕시다

회담에 앞서
언제나 목이 콱 메이는 것이 있으나
관례에 따라
조용조용 이야기 나눕시다
어떻게 하면 우리 전체가 다 살 수 있는가를

이 위에 30년을
이대로 더 살아야 합니까
2년도 깁니다 3년도 깁니다

민족의 제단에 바쳐지는
기다림과 속죄의 세월 너무나 길기에
아우에게 없는 것은 형이

형에게 없는 것은 동생이 도와
어떻게 하든
일을 만들어 봅시다

남북회담
아득한 고향 소식이 들릴 듯 말 듯
언제나 서럽기만 한 남북회담
오늘도 칠월달 뜨거운 햇볕만이
텅 빈 가슴에 쏟아져내립니다.

希　望

일정 때
두만강변 회령 경찰서 취조실에서 흘러나오던
그 사나이 비명은
어째서 아직도 내 가슴에
못처럼 박혀 있는지
6·25 때
한강을 헤엄쳐 건너온
백골부대의 한 병사가
담배 한대를 맛있게 피우던 일은
어째서 아직도 내 가슴에 남아 있는지
지난날
38선을 넘을 때
안내꾼에게 준 할아버지의 회중시계는
아직도 시간을 가리키고 있는지
해체된 풍경 속에
잃어버린 것은
스승과 눈물과 후회뿐인 줄 알았더니

추락하여 가는 내면의 눈에

번개같이 스치는 것은

깨끗한 한 개의 희망이다

스산한 나뭇가지에

빛의 다른 한쪽이 머무는 것을 보고

무서운 驚異를 느낀다

그것은 내일을 향한 순간의 전율

푸른 공간의 轉落을 뒤로

부서져내리는 차가운 유리조각

오 희망을 위하여는

처참한 것을 넘어서야 한다.

빈손으로

빈손으로
어머니에게로 가듯이
그래도
눈물이 앞섰듯이

아직도 쟁쟁하게 귀에 남아
괴롭히는 세상의 말과 말들
바다는 잠자도
말은 끝나지 않아

미안하다
미안하다
가슴 속에 가득 차서
넘쳐나는 이 한마디

해놓은 일 자랑스런 일
내게 아무것도 없으나

이 해도 마지막이라니
미련은 있어 나이 먹는 것이 두렵다

우직하게 살려고 한다
허나 남을 밀치고 나서기 전엔
성공하기 어렵다는 것을
여러 백번 아프게 느꼈다

하늘의 소리를 믿으며
차가운 겨울을 나는
헐벗은 길가의 나무처럼
깨끗한 빈손으로 다시 한 해를 보낸다.

再　會

석양 노을 속에
네 모습이 보다 분명히
떠오르는 것은
너와 내가
저녁 노울 속에 있었던
정다운 옛날이 있었기 때문이다
땀에 젖은 너의 얼굴
그러나 웃는 네 모습이
석양 노을에
검붉게 불타고 있다
널찍한 두 어깨는
너의 성격 그대로
어렵게 걸어온 너의 과거가
담겨 있다
그날 너는 西로 나는 南으로
아 20년 만인데도
오늘

저녁 노을 속에

두 사람은 소년처럼 기꺼이 웃고 섰고나.

백성의 힘

소와 사람의 힘을 겨룬다고 레슬링 선수가 소
를 매달아 놓고 당수로 무참하게 내리치는 장
면을 TV는 중계하였다.

백성의 힘은

착한 일에만 쓰여야 한다

장충 체육관에서

죄없는 소를 때려죽인다든지

도무지 경우가 아닌 일 앞에서도

보복이 두려워 할 말을 못하고

머뭇거려서는 안된다

백성의 힘은

하늘이다

하늘을 쳐다보아라

하늘처럼 당당한 것이 백성의 힘이다

눈을 가리우지 말아라

소의 눈을

눈을 가리지 않아도

우리들의 황소는 고통을 참는다

순박한 백성의 힘을 타고난 소여

꼼짝도 못하게 고삐를 잡힌 소여

말 못하는 소여

견디는 죄로 하여

더없이 얻어맞는 하나의 생명——

그러나

너는 죽어도 결코 죽은 것이 아니다.

제 4 부

나비와 廣場／現代의 神話

1948〜1958

不安의 速度

凸렌즈를 쓰고
거리를 간다

활자처럼 다가와
나의 이마에
나의 가슴에
나의 瞳子 안에
정면충돌하는
重量, 重量

(절망과 공포, 끝없는 각혈이라오)

만나면 모두
싸늘한 체온을
내 손의 表皮 위에 남겨놓던
選手들을 피하면서
피하면서 가야 하는

凸렌즈의 운명 속에

오늘도

 태양과 하늘만이

해골처럼

해골처럼 그렇게 남아갔다.

나비와 廣場

현기증 나는 활주로의
최후의 절정에서 흰나비는
돌진의 방향을 잊어버리고
피 묻은 육체의 파편들을 굽어본다.

기계처럼 작열한 심장을 축일
한모금 샘물도 없는 허망한 광장에서
어린 나비의 안막을 차단하는 건
투명한 광선의 바다뿐이었기에——

진공의 해안에서처럼 과묵한 묘지 사이사이
숨가쁜 Z기의 백선과 이동하는 계절 속
불길처럼 일어나는 燐光의 조수에 밀려
흰나비는 말없이 이즈러진 날개를 파닥거린다.

하얀 미래의 어느 지점에
아름다운 영토는 기다리고 있는 것인가.

푸르른 활주로의 어느 지표에
화려한 희망은 피고 있는 것일까.

신도 기적도 이미
승천하여 버린 지 오랜 유역——
그 어느 마지막 종점을 향하여 흰나비는
또 한번 스스로의 신화와 더불어 대결하여 본다.

하늘과 태양만이 남아 있는 도시

슈—샤인

· ·

애수에 젖어

소리에 젖어

오늘도 나는 이 거리에서

도대체 어디로 가는 것인가

계절을 잃은 남루를 걸치고

숱한 사람들 속 사람에 부대끼며

수없는 視線에 射殺되면서

하늘이 그리운 것이 아니라

인제 저 푸른 하늘이 마시고 싶어

이렇게 가슴 태우며

오늘도 이 거리에서

나는 어디로 가는 것이냐

츄잉껌을 씹어

철사처럼 가늘어간 허리들이
색깔 검은 아이를 배었다는 이야기는
차라리 아무것도 아닌 것이고
방금
회색의 지평을 달려온
그 하이야가
초록빛 커텐이 흘러나오는 이층집
여인들의 허리춤에
보석훈장을 채워줬담도
아무것도 아닌
흘려버릴 수 있는 소문이란다

그 어느 날
바닷가에서
가을이 비 오는 바닷가에서
갈매기가 그리는 애상의 포물선에
흰 이마를 적시우며

젊은 소설가는

그가 거느린 가족의 몰살을 기도하였고

나는 나대로

전날

컴컴한 와사등의 지하실에서

하얀 丸藥을 삼키고 쓰러진

시인의 손을 잡았던 것도

벌써 아무것도 아닌 지나간 이야기여서

쇼윈도의 추녀밑에 멈춰서면

아 그대와 나

이 거리에서

참말 떳떳한 몽유병자였구료

오늘도 密船은

香港에서

하와이에서

대만에서
파라솔처럼 팽팽한
하늘을 둘러쓰고
이 항구로 달려든다 하였지——

몰아치는
검은 바람을 안고
섬의
공장 굴뚝들은
폐마처럼 숨이 가쁘냐

한 폭
정물처럼
고요한 戰艦들이 딩굴어 있는
오후의 해상에 그림자를 흘리며
비행기는 허망한 공간에서
來日이 권태롭구나

패스포드처럼 쉽게 통과하는
로타리의 물결에 섞여

슈샤인
애수에 젖어
음향에 젖어
저물어 가는 태양 아래
아 나는 어디로 가는 것인가
간판이 커서 기울어진 거리여
빛깔이 짙어 서글픈 도시여.

砲臺가 있는 풍경

바다를 향한
옥상의 대공포대 위에서
어린 병사는
해양 만리 먼 고국에 있는
어머니에게 편지를 쓴다

향수처럼
흰 구름 밀려가는
여름 하늘 아래를
갈길을 잃은 짐승마냥
사람들은 밀려가고 밀려오고
투명한 바다의 행렬에 지친
작은 배들이
오후의 피곤한 그늘에
그리움과 같은 기폭을 나부껴 올 때

포대를 지키고 선

異國兵士는
소리없는
리라의 음성에
귀기울여 간다

오 리라여
한 많은
1953년의 기류는
얼마나 당신이 그리운
계절이었읍니까

바다와 하늘 사이를
어둠처럼 내닫는
검은 砲身

지금
도시는 피로운 投影을 안고

분주한 日暮 속에
침전하여 가고 있다.

밤의 階梯에서

검은 육체와
죽음의 폭풍 속에서
머리카락 날리며 사랑하는 숙녀는
아다린처럼 희어간
그 영상을 잊을 수 없었다.

유서를 쓸 아무런 필요도 없기에
까뮈의 虛妄을 테블 위에 놓았다는
청년의 자살이 보도된
신문지의 경사면에
오늘도 밤은 콜로타이프처럼
찬란히 켜지고

애정과 증오에의 回想마저
轢死되어 가는 불모의 땅에서
마시어도 마시어도 휴머니티는
독약이 될 수 없어

아 이 밤의 영원한 계제에 서서

나는 언제까지

기관단총의 표적이 되어야만 하는가.

열차를 기다려서

비 오는 어둠이 가슴에 아파
그럴 때마다 허망한 거리를 가며
당신의 모습을 찾습니다

탄환에 쫓긴 사슴모양
생활의 막다른 골목에서
불현듯 그대 손길 더듬어 봅니다

북에 갔던 항공기의 편대들이
푸른 공간 위에 폭음을 굴릴 적마다
그대 모습을 어루만집니다

다섯 해의 세월이 지나갔어도
꿈에 뵙는 당신의 그림자는
항시 환히 밝어………

육십오 세의 흰 머리 날리시며

어머니
돌아가시면 안됩니다

지금은 큰 우뢰 산하를 진동하고
옳고 그름을 가리는 인민의 눈동자
별빛처럼 타는 밤——

삶을 위한 싸움 속에
자유를 위한 신음 속에
우리 모두 대열져 섰거늘

이윽고 목메인 평화의 아침이 열리면
그 무슨 주저도 없이 달려갈
아들들의 열차를 기다려

어머니
돌아가시면 안됩니다
돌아가시면 안됩니다.

고 향

고향엔
무슨 뜨거운 연정이 있는 것이 아니었다.

산을 두르고 돌아앉아서
산과 더불어 나이를 먹어가고 마을

마을에선 먼 바다가 그리운 포플라 나무들이
목메어 푸른 하늘에 나부끼고

이웃 낮닭들은 홰를 치며
한가히 古典을 울었다.

고향엔 고향엔
무슨 뜨거운 연정이 기다리고 있는 것이 아니었다.

3·1절에 부치는 노래

목메인 만세 소리
땅을 뚫고 터져나오는 아우성 소리
아 이 날은 다시 오고
삼천만 겨레의 흰 대열이
거리와 하늘을 가고 있다.

얼마나 긴 인내의 세월이었던가
독립과 자유를 그려
암흑과 형틀과 압박을 박차고
침략자의 총칼 앞에
분화처럼 일어섰던 민족의 분노가
산하를 진동하고
천추에 못 잊을 겨레의 원한이
세기의 하늘 위에 散華하던 날──
하늘과 태양
산천과 초목도
애달픈 슬픔 속에 잠겨갔어라.

의롭고 뜨거운 가슴마다
장미모양 붉게 피는 선혈의 강

위대한 민족의 의지는
하늘 높이 치솟고
수천의 깃발은
독립의 탑에 나부꼈노라.

오랜 시간의 흐름
비록 우리들의 傷痕을 스쳐갔다 하여도
꿈에도 잊힐 리 없는
그날의 추억은
꺼질 줄 모르는 연정모양
민족의 혈관 속에 되살아오거니
삼월이여
너의 戀歌 속에

우리들의 대열이 굽이쳐 간다.

그러나
아직도 못다 이룬 통일독립의 여명
3·1에 바친
민족의 넋과 기개
또 한번 다시 뭉쳐
금없는 민족의 내일을 이룩하리라.

위대한 민족의 의지여
삼월달 샛바람 속에
그대 힘찬 승리의 노래를 교향하라.

조   국

다시는 돌아오지 않을
먼 이역으로 떠나가는 것처럼
모두 다 황망히 스쳐가는 체온 속에서
위태로이 흔들리는 조국의 모습

아 이젠 모든 희망과 추억과
애정마저 버려두고
모두 다 지나가는 겐가
영영 떠나가는 것인가

거리는 차라리 최후의 향연
뜻없이 푸른 하늘 아래
조국이여
그대 앓음 소리 너무나 騷然쿠나

가장 불행했던 연대와 연대의 물굽이를 헤어돌아
가슴 속 면면히 뻗어내려온 한 갈래 혈맥 위에

별빛 찬란히 피어난 문화야
슬기론 손길아

訓民正音과 鄕歌와
多寶塔과 時調──
吏讀와 山川과
靑磁와 歌謠──

아 그 언제나 바다 우짖음처럼
가슴 설레게 그리워 오는
쪽빛진 지혜와 꿈, 파도치는 미래‥‥‥‥
동방 어머니의 나라여

피와 살을 뿌려
건져낸 조국
불과 화약 연기 헤치고
지켜온 조국

천만 가슴과 가슴으로 으스러져라 부둥켜안고
뜨거운 얼굴 부비던 것
천만년 떠받쳐 나가리라던 맹서
바람결처럼 가버린 것이나 아닌가

──그리움마저 얼어붙은 가슴들인가
어디로 흩어져가는 것이냐
진정
어디로 흩어져가는 겐가

기울어가는 태양 아래
외로워가는 조국이여
그 어디까지 젊은 목숨 위에 초연히 서야 할
유구한 조국 어머니인 나라여.

잠 아니 오는 밤의 시

다시는 돌아가 볼 수 없을 것만 같은
북쪽 마을의 육친들을 생각하며
잠 아니 오는 밤들이 있었던 것은
아득한 어저께의 일이다.

땀에 젖은 사지
온 가슴에 이슬처럼 방울짓는
땀을 씻으며
밤중
홀로 깨어 눈을 감아봄은
새삼스럽게 이것이야말로
분명히 喜劇일세 옳다던
오늘 하루의 싸움 속에서
웃음과 눈물과 우울을 함께 하던
여자와 남자와
약한 사람과 슬픈 사람들의
그리운 얼굴이

너무나 뚜렷이 다가와 있기 때문이리라.

서로서로가

말없는 睡眠의 광야에서

넋을 잃고

다시는 깨어나지 못한다 할지라도

그저 그렇게 알고 그만일

비참한 오늘의 언어 속에서

하얀 눈길처럼

나의 사념

멀리 돌아나감은

잠시도 머물러 쉴 수 있는

풍경이 여기 있을 리 없기 때문이리라.

괴로운 생명의 몸짓

촛불을 밝히고

외로운 정신으로 하여금

그대 환상의 해협을 항해케 하자.

서력 1955년, 혹은
1980년 그 어느 하염없는 싯점에서
나의 배는 가고 있으리니⋯⋯⋯

싸늘한 손길에
식은땀에 젖은 가슴의 고동을 얹고
아직도 먼
역사의 아침을 기다리는 생명——
하나의 實存이 여기 있는 것이다.

危機를 담은 電車

살아남았다는
기적과 기적의 틈바구니에서
창백한 문명의 위기에
서글픈 진단서를 쓴
D. H. 로렌스의 얼굴을 그리며
오늘도 살벌한 귀로의 전차에 오른다

갈수록 괴로워지는 현실 때문에
말이 없는 청년과
숱한 피곤한 얼굴을 붙안은 그림자

모두가 제각기
붙잡히지 않는 행복을 서글피 여기며
밤의 어둠 속을 굴러가고 있을 때
안전에 어른거리는
내 가난한 가족의 헐벗은 정경이
황폐한 지평에 쓸쓸히 남는다

학문과 직업과 생활
또는 애정과 죽음
그 모든 오늘의 위기를 한 몸에 안고
그 속에서 오히려 살아남을 수 있는 가장 좁은 길을
찾는
정신의 쇠잔한 흐느낌이여

죽는다는 것
그것은 언제 어디서고
기꺼운 웃음 머금고 행할 수 있는
가장 어리석은 휴머니티일 것이나
얼마나 건강한 체격을 요하는 사상일 것인가

나는 나일 수가 없다
그렇다고 좀더 안온한 시대에 살았던
어린 정신의 귀족인 프루스트처럼

흘러간 시대의 시간에 목메어 울 수도 없어

이 밤은

차창에 불어드는 훈훈한 바람이

오히려 불안하기만 하다.

裸體 속을 뚫고 가는 무수한 嘔吐

스스로 운명의 전말을
알 수가 있는 것이라면
끝 모를 전진의 대열에서
낙오하여도 좋을 것을——

그러나 다행스러운 시간이 있어
타히티 섬의 토족처럼 태양을 반기는 오후
메마른 육체 속에서도
오히려 생각의 물결은 파도쳐 온다.

다시 여름이 오는 강엔
지난해와 같은 권태로운 풍경이 걸리고
미운 나체를 하고
사장에 누우면
바람에 나부껴 오는 조그만 행복이 있다.

움직이는 것은

정지할 줄 모르는

力學 위를 달리고

신경을 자극하는 것, 모터 보트의 소음이다.

여기는 아세아

남북으로 갈리운 한반도의 서울

가난과 무지와 폭력이

강물처럼 흐르는 곳

허구많은 세월이 흘러갈수록

탄식과 고독이 익어가는

우리들의 생활 위에

덧없이 쌓여가는 계절의 속삭임이여.

도무지 애착이 가지 않는 과거와 생활

한 마리 짐승처럼 늙어가는

한 개의 實存을 돌아다보며

새삼스러이 오늘의 逆說을 믿어서가 아니건만
문득 서글픈 구토를 느끼는 오후가 있다.

밤의 神話

平 和

북소리. 나팔소리. 다채로운 행진곡이 울려오는 소리
에 잠을 깬 나는 눈을 비비며 밖으로 나갔다.

텅 빈 대낮의 거리를 요란하게 울리며 오는 것은 북을
치며 걸어오는 코끼리와 그 옆에 서서 피리와 나팔을 부
는 광대들이었다.

코끼리가 어떻게 저런 음악을 연주하나? 나는 창피한
줄 모르고 아이들처럼 서서 당당히 행진해 오는 코끼리
를 구경하였다.

내가 입가에 미소를 띄우자 어진 코끼리의 둥그런 눈
이 껌벅거리며 웃음을 감추지 못하면서 더욱 신이 나서
악기에 떡떡 장단이 들어맞게 북을 쳐내었다.

이 거창한 행진의 뒤를 따르는 것은 아이들뿐——아
이들은 바지가 흘러내린 것도 모르고 어른의 걸음걸이로

또 달달거리면서 행진의 뒤를 따랐다. 코를 훌쩍거리는 아이들의 얼굴에는 숨가쁨과 무한한 호기심이 비끼었다.

검은 가로수와 초연 냄새——

나는 어찌된 영문인지를 몰라서 오늘이 무슨 날인가 곰곰히 생각해 보았으나 아무런 생각도 나지 않았다.

가족도 동료도 다 어디론가 사라져버리고 나만 혼자 이 거리에 나와 선 지금——그러면 가족은 어찌 된 것일까? 사랑하는 아들아! 너는 어디에 있느냐? 네가 좋아하는 코끼리가 나팔을 불면서 오고 있구나!

나는 비로소 오늘이 무슨 날인가를 알게 되었다. 그렇다. 전쟁이 지금 바로 끝난 게로구나. 지금까지 나는 잠을 자고 있었나 보다. 그러면 나의 혈육들은 어찌 되었

올까. 그 수많은 도시의 자동차와 사람과 지상의 부귀영
화는 모두 어찌 된 것일까.

그러자 이해 못할 행진의 배경이라도 장식하듯 코끼리
의 음악대가 걸어오던 저쪽 서편 하늘가에서 푸른 광선
이 공중에 번쩍거렸다. 그것은 원자탄보다 무서운 무기
라 하였다. 그것은 바로 전쟁의 종언을 고하는 신호등이
란 것을 순간 나는 깨달았다.

코끼리의 악대는 쉬지 않고 가고 있고 남루한 옷을 입
은 아이들은 줄곧 코끼리와 광대를 따라 뜨거운 아스팔
트 위를 쉬지 않고 따라가고 있었는데……. 이 광경을
망막에 담은 채로 내 한쪽 눈은 풀밭에 떨어졌고 다른
한쪽 눈은 허공의 한 점에 가 박혀 있었다.

바다의 기록

파도 소리

비낀 구름 사이에서도

별들이 속삭이는 한밤

빈대와 모기와

바람 한 점 들 리 없는

서울의 단간방 더위에 견디던 몸이

깊은 밤 파도 소리에 잠을 이루지 못한다.

내 곁에 자는

네 살짜리가

(아버지, 기차가 이렇게 쿵쿵거려서 어떻게 내려!)

천막 밑까지 와서

철썩거리는 파도 소리를

아직도 대천행 기차 속인 줄 알고

이런 잠꼬대를 하는 바다의

첫날밤이 있었다.

곡 예 사

가벼우나 슬픈 음악
관객이 손뼉을 치며 즐거워할 때
곡예사의 가슴엔
싸늘한 바람이 스친다

아슬아슬한 새 기술을 부리기 위하여
파리한 얼굴의 여자와
표정없는 구릿빛 가슴의 사나이가
줄을 타고 오를 때
얼마나 신기한 기대를 보내는 관중들이었던가

이쪽 그네에서
저쪽 그네에로
서로 옮겨 탈 순간과 순간

담배 연기 자욱한
공간 위에서

아 저러다 멀어지면 어떡하나
그런 것은 벌써 잊어버린
곡예사의 어저께와 오늘

하얀 손의 여자여
곡예사여
너의 입술에 어린
떨리는 생명의 포말들을 삼키며
너는 더욱 잔인해야만 하는구나

原爆의 하늘처럼
소란한 오늘의 기류——
그 속에서 오히려
네가 지니는 한 오라기의 질서가
오늘은 무한한 기쁨처럼 나를 울린다.

민족현실의 문학적 형상화

廉　武　雄

이 책은 김규동 선생의 최근 10년 가까운 동안의 업적을 모은 그의 네 번째 시집이자 이 시인의 회갑을 맞아 그의 시적 생애 전체를 조감해 볼 수 있도록 꾸며진 선집이다. 그 동안의 시집들에 묶이지 않은 77년 이후의 작품들을 제1부와 제2부로 갈라 실었고, 『죽음 속의 영웅』(1977)에서 뽑은 작품들이 제3부, 그리고 『나비와 광장』(1955) 및 『현대의 신화』(1958)에서 뽑은 초기작들이 제4부이다. 그러니까 이 선집은 대체로 발표연대에 역순으로 배열되어 있는 셈이다.

김규동 선생이 문학활동을 시작한 것은 고향인 함경북도 경성(鏡城)에서 월남하고 나서이다. 연보에 의하면 그는 1948년초 서울에 내려와 그해 가을 『예술조선』지에 시 「강(江)」이 입선됨으로써 문단에 등장했다고 한다. 그러나 그의 이름이 본격적으로 우리 문단에 알려지게 된 것은 50년대초 피난수도 부산에서 활동한 '후반기' 동인에 참가한 것이 계기가되었던 것 같다. 김규동 선생 자신의 회고에 의하면 이 동인회는 "전쟁이 치열하게 계속되고 있던 저 역사적 혼란의 와

중에서도 세계사조와의 연관 아래서 현실과 자아의식의 탐구를 시와 다른 여러 예술장르의 실험을 통해 감행해 보자는 절실한 요청"에서 결성되었던바, 이 모임은 "하나의 아방가르드 운동으로서 다다와 쉬르레알리즘을 재정리 내지 분석 비판하고 작품활동과 이론실천의 전개를 통해 우리 문학의 체질을 개혁해 보자"는 것을 한 목표로 삼았다고 한다. 이러한 목표가 실제의 작품 속에 얼마나 내용있게 구현되었는지, 그리고 나아가 그 목표 자체가 당시의 역사적 상황이나 문학사적 여건에 비추어 얼마나 정당한 것이라고 할 수 있을지 하는 것은 아마 따로 세심하게 검토될 필요가 있을 것이다. 어떻든 김규동 선생의 경우『나비와 광장』『현대의 신화』에 거두어진 대부분의 작품들 및 『죽음 속의 영웅』에 실린 상당수 작품들이 서구문학의 현대적 사조에 깊이 연관되어 있음은 부정될 수 없으며, 우리 시문학사의 흐름에서 보자면 김기림(金起林)이나 이상(李箱)의 실험적 정신에 닿아 있음이 또한 분명한 것 같다. 나는 몇해전『죽음 속의 영웅』해설을 쓰면서 우리 시의 이런 맥락을 모더니즘이라는 이름으로 포괄하고 김선생의 그 시집에 이런 모더니즘을 계승하고 활용하는 측면과 한국 모더니즘의 허구성을 비판하고 넘어서는 측면이 공존해 있음을 지적한 바 있다. 아마 이러한 점은 이 선집에서도, 따라서 김규동 선생의 시작활동 전체에 걸쳐서도 확인될 수 있으리라 생각한다. 나는 이 선집을 훑어보고 김선생이 한창 초현실주의니 다다이즘이니 하는 데에 경도되어 있던 젊은날에도 「열차를 기다려서」처럼 소박하고 절실한 언어로 분단의 아픔을 노래한 시를 썼다는 사실에 놀랐고, 다른 한편 그런 모더니즘적 경향에 대해 비판적 의사를 분명히 표시한 근년에도 「이카로스 비가(悲歌)」「사막의 노래」처럼 그 시절의 화법을 그대로 구사한 시를 발표한 사실

171

에 또한 그에 못지 않게 놀랐다. 그러나 생각해 보면 이것은 한 시인에게 있어서 무엇인가를 간직해 나가고 또 무엇인가를 버린다는 것이 얼마나 그의 내적 생존 깊숙한 곳에서 불가피한 형태로 이루어지는가를 알려주는 예로서, 우리가 가벼이 이렇다저렇다 용훼할 바가 아니다.

그렇기는 하지만 결국 우리가 문학에 감동하는 것은 삶의 모습이 작품 안에 진실하고 정직하게 그려져 있을 때이다. 그러나 물론 이 말은 자기고백적인 문학이 가장 훌륭하다거나 표현이 직설적일수록 더 감동적이라거나 하다는 뜻은 아니다. 실제의 삶에서나 예술적 창작에서나 참된 정직에 도달하는 것은 남을 속이고 자신을 속일지 모르는 갖가지 위험과의 거의 필사적인 투쟁을 겪은 끝에야 겨우 가능해지는 경지이다. 이런 뜻에서 김규동 선생의 문학적 도정을 살펴볼 때 그것은 다름아니라 자기를 찾고 자신의 진정한 자아를 회복하기 위한 노력의 과정이었다고 여겨지는 것이다. 가령 여기서 그의 초기작들을 잠시 훑어보자. 우리는 「나비와 광장」이라든가 「하늘과 태양만이 남아있는 도시」「포대(砲臺)가 있는 풍경」 등 이 무렵 대부분의 작품들을 때로는 초현실주의적 기법에 관련지어서, 때로는 현대문명의 위기적 상황의 시적 표현으로서, 또 때로는 전쟁에 의해 차단된 막힌 의식의 심층적 탐구라는 각도에서 적절히 설명해 볼 수도 있을 것이다. 그러나 곰곰히 생각해 보면 어떤 예술적 기법이라고 하는 것은 그 기법을 태어나게 한 삶의 총체성 안에서만 의미있는 것으로 작용하는 법이다. 그렇기 때문에 나는 우리 문학사에서 각종 서구적 · 모더니즘적 기법들이 삶의 소외를 드러내고 극복하기 위한 무기로서보다 소외의 결과이자 소외의 한 부분으로서 존재해 왔다고 생각하는 것이다. 50년대 김규동 문학의 대표작 중의 하나로 알려진 「위기를 담은 전차」를 보더라도 황량한 시대를 사는 한 젊은이의 곤핍한 삶을 담아내는 한에서 그것은 진실한 문학에 가까와지지만, "갈수록 피로워지는 현실"의 실체와 대결하기보다 "창백한 문명의 위기에／서글픈 진단서를 쓴／D. H. 로렌스의 얼굴을" 그리는 것으로 현실과의 대결을 모면하려고 할 때 그러는 정도만큼 그것은 진실에서 멀어진다고 할 수밖에 없을 것이다.

60년대의 거의 대부분 기간을 김규동 선생은 문학창작에서 손을 뗀 채 고단한 생활인으로서 보냈었던 것 같다. 이렇게 10여 년의 공백을 딛고 새로 시작된 이 시인의 활동은 과거와 자못 그 성격을 달리하는 것이었다. 무엇보다 현저한 변모는 그가 민족사의 고통스런 현장에 몸으로 다가가기 시작했다는 사실이다. 알려진 대로 그는 1974년 민주회복국민선언대회에 김정한(金廷漢)・박연희(朴淵禧)・김병걸(金炳傑)・고은(高銀) 선생 등 문인들과 함께 참가하였고 이 무렵 이후 오늘에 이르기까지 자유실천문인협의회의 가장 성실한 회원의 한 분으로서 활동해 오고 있다. 어느 자리에서 김규동 선생은 이렇게 솔직한 심경을 피력하기도 하였다. "근년에 와서 나는 그나마 글쓰는 일에 앞서 직접적으로 해야 할 일이 너무 많다는 것을 절감하며 문학행위 이전에 한 인간으로서 해야 할 일이 우선 무엇일까에 대해 마음을 써왔다고 생각한다. (……) 이러한 경우에도 이같은 생활이 문학적인 어떤 목표나 신념으로 승화되고 정리되어 주기를 은근히 바라는 이기심을 버리지는 못하였다. 간사하고 비겁한 마음이다." 김선생 본인은 이렇게 자신에 대하여 간사하고 이기적이라고 자책을 하고 있지만, 또 마음 한구석 어딘가에 그런 요소가 잠재되어 있음이 인정될 수 있을지도 모르지만, 그러나 그것을 감추거나 위장하지 않고 떳떳이 언표했다는 것 자체가 이미 이기심을 넘어선 경지임은 분명하다. 어떻든 김규동 선생의 문학은 한편으로 모더니즘에 대한 미련을 차마 끊지 못하는 갈등을 지속해 가면서 다른 한편 자유와 민주주의를 위한 운동의 대열에 꾸준히 참가함으로써 민족현실의 문학적 형상화에서는 좀더 실속있는 결과를 이룩해 내고 있다. 그리하여 가령 「유모차를 끌며」「들에서」「달아오를 아궁이를 위한 시」처럼 극히 사적인 세계를 나지막한 목소리로 노래하는 시들에서도 사적 차원을 넘어서는 문제의식, 즉 분단이야말로 우리 시대의 모든 비인간화의 원천이요 통일만이 참된 자유와 행복의 기초가 된다는 각성을 우리에게 환기하는 것이다. 「무등산」 같은 작품은 이런 현실적 경험의 축적을 통해 좀더 심오한 깨달음이 이 시인에게 이루어져 있음을 간결한 언어로 제시한다.

한 몸이 되기도 전에
두 팔 벌려 어깨를 겼다
흩어졌는가 하면
다시 모이고
모였다간 다시 흩어진다
높지도 얕지도 않게
그러나 모두는 평등하게
이 하늘 아래 뿌리박고 서서
아 이것을 지키기 위해
그처럼 오랜 세월 견디었구나

어쩌면 이만한 작품을 낳기 위해 김선생은 "그처럼 오랜 세월" 동안 고향상실의 고통과 방황을 견디어온 것인지 모르겠다. 그것은 우리 모두가 귀하게 지켜가야 될 민족의 시적 자산일 것이다.

작년 김병걸 선생의 회갑을 기념하는 모임에서 김규동 선생은 이런 말씀으로 참석자들에게 감명을 주었다. "김병걸씨의 고향이 이원(利原)이고 내 고향이 경성이니, 어느 날 통일이 되어 함께 고향으로 돌아갈 때 이원에서 김병걸씨를 내려드리고 손을 흔들어 작별한 다음 혼자서 경성까지 가고 싶노라"고. 두 분 김선생은 모두 자그마한 키에 깡마른 체구이다. 이런 두 분께서 귀향하신다면 동행을 자청하는 사람이 아마 적지 않을 것이다. 우선 떠오르는 대로 이호철(李浩哲)씨는 원산까지 함께 모시고 갈 것이고 그밖에도 일행은 상당히 많을 것이다. 그날이 오기까지 김선생이 건강하게 오래 사시기 빌며, 또한 그날까지 김선생의 문학이 분단의 벽을 깨는 힘있는 끌도 되고 망치도 되기를 기원하는 바이다.

年 譜

1925년 2월 13일(음력 1월 21일) 咸北 鏡城에서 의사인 金
河潤과 金玉吉 사이의 장남으로 출생.

1944년 鏡城高普 졸업. 재학중 수학 및 영어 교사인 金起林
을 師事(이때의 동기동창 중에 영화감독 申相玉, 정
치인 金哲, 시인 李活 등이 있음).

1947년 연변의과대학 수학을 중단하고 평양에서 여러 문인,
연극인과 접촉하며 건국 및 문화운동에 종사.

1948년 2월에 단신 서울로 나옴. 이후 홀어머니를 비롯한
두 누님, 동생과의 소식이 끊김.

1948년 3월에 경성상공중학(현 중대부고) 교사. 이 무렵 金
起林, 金光均, 張萬榮 등 시인과 더불어 모더니즘에
대한 관심을 높여감. 가을에 『藝術朝鮮』誌에 시 「강」
이 입선.

1950년 6·25와 함께 교사직 그만두고 직업 없이 전전.

1951년 부산으로 피난. 趙郷, 李漢稷, 金璟麟, 朴寅煥, 金
洙暎 등과 모더니즘 시운동. '後半期' 그룹 조직(동
인 조향, 박인환, 김차영, 이봉래, 김경린, 김규동).

1952년 여름부터 연합신문사 문화부장 역임.

1954년 6월, 한국일보 문화부장 역임.

1955년 10월에 시집 『나비와 廣場』간행.

1957년 도서출판 三中堂 주간.

1958년 시집 『現代의 神話』간행.

1959년 自由文協賞 수상. 詩論集 『새로운 詩論』간행.

1960년 8월에 삼중당에서 나와 韓一出版社 自營.

1962년	평론집 『지성과 고독의 문학』, 수필집 『지폐와 피아노』 간행. 이후 상당한 기간 동안 작품활동 침체되고 침묵으로 일관함. 문학활동으로 밥 먹기 어려운 사회 현실에 회의를 느낌.
1972년	작품활동 다시 시작.
1974년	11월 27일 민주회복국민회의의 民主回復國民宣言大會에 李軒求, 金廷漢, 朴淵禧, 高銀, 金炳傑, 白樂晴, 金潤洙 등 문인들과 함께 참가.
1975년	3월 15일 자유실천문인협의회 '165인 문인선언'에 서명, 참가. 이후 자유실천문인협의회 고문에 추대됨.
1976년	앤솔로지 『實驗室』 간행 (3호까지 발행).
1977년	8월에 시집 『죽음 속의 英雄』 간행.
1979년	6월, 카터 미국대통령 방한반대 데모를 벌이고 문동환, 고은, 김병걸, 박태순, 안재웅, 이석표 등과 함께 구류처분 받음. 8월 24일, 내외기자회견에서 자유실천문인협의회를 대표하여 박태순이 작성한 '文學人宣言文' 낭독. 10월에 평론집 『어두운 時代의 마지막 言語』 간행.
1980년	5월 15일, '지식인 134인 시국선언' 서명, 참가.
1983년	8월부터 월간 『마당』誌에 에세이 연재.
1984년	10월 16일, 민주·통일국민회의 창립대회에서 중앙위원으로 피선됨. 12월 19일, 자유실천문인협의회 확대개편대회에서 다시 고문으로 추대됨.
1985년	3월, 창작과비평사에서 還曆紀念詩選集 『깨끗한 희망』 간행.

창비시선 49

깨끗한 희망

초판 1쇄 발행 / 1985년 3월 30일
초판 4쇄 발행 / 2014년 5월 9일

지은이 / 김규동
펴낸이 / 강일우
펴낸곳 / (주)창비
등록 / 1986년 8월 5일 제85호
주소 / 413-120 경기도 파주시 회동길 184
전화 / 031-955-3333
팩시밀리 / 영업 031-955-3399 · 편집 031-955-3400
홈페이지 / www.changbi.com
전자우편 / lit@changbi.com